LES MERVEILLES DU MON

LES CASTORS
LES TAUPES

Bordas
Jeunesse

Le castor : un travailleur infatigable

Quand il construit sa cabane, le castor modifie souvent le paysage. L'homme s'est ainsi intéressé très tôt au mode de vie de cet animal et surtout à ses constructions spectaculaires.

Le castor appartient à l'ordre le plus nombreux des mammifères : celui des **rongeurs**, dont il existe plus de 1 500 espèces réparties dans le monde entier.

Ce qui frappe tout d'abord chez le castor, c'est sa large queue : elle est aplatie, sans poils et recouverte d'écailles comme les nageoires d'un poisson.

Comme tous les rongeurs, le castor possède des **incisives** très tranchantes, dont il se sert pour abattre de grands arbres. Ces dents s'émoussent très vite mais poussent sans cesse pour compenser leur usure.

Pourvu de pattes postérieures palmées, le castor est un nageur rapide.

Sous l'eau, le castor ferme les oreilles et les narines et nage en remuant la queue et les pattes de derrière.

▶ Le castor vit au bord des cours d'eau et des lacs. Les lieux boisés constituent son habitat idéal : il est sûr d'y trouver sa nourriture, à base de feuilles, et les réserves de branches et de troncs suffisantes pour construire dans l'eau sa hutte et ses digues.

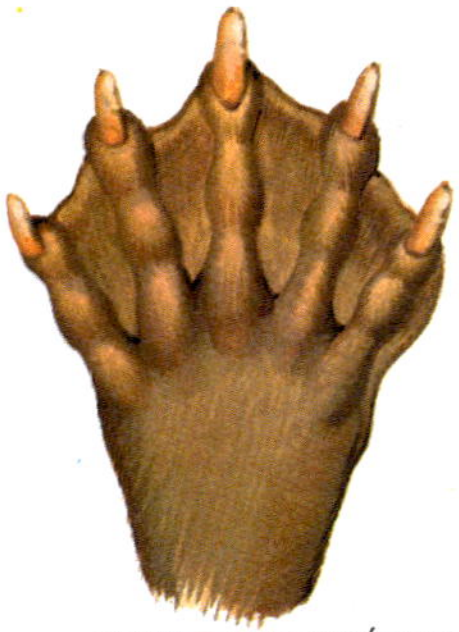

PATTE POSTÉRIEURE

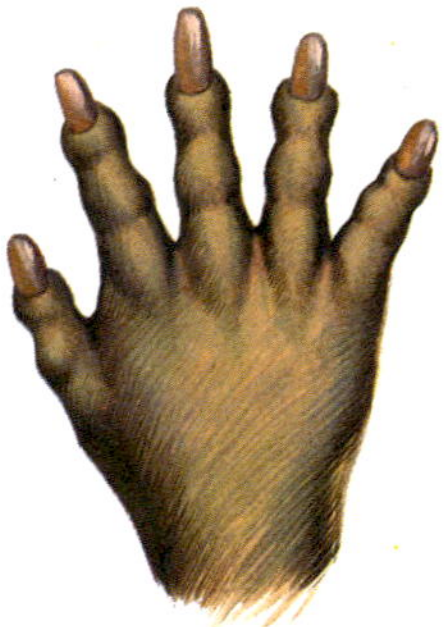

PATTE ANTÉRIEURE

CASTOR ET SQUELETTE DE LA TÊTE

▶ Les caractéristiques anatomiques du castor sont sa queue, qu'il utilise comme un gouvernail pour nager, ses pattes postérieures, avec lesquelles il prend son élan, et ses incisives pointues.

Une cabane dans l'eau

Aucun autre animal, à part l'homme, n'est comparable au castor quand il construit son abri.

Pour bâtir leurs extraordinaires cabanes, les castors utilisent des branches, des troncs, des pierres, de la boue mais aussi des plantes aquatiques.

Ils entassent tous ces matériaux au fond d'un cours d'eau ou d'une lagune et forment ainsi un grand monticule qui émerge hors de l'eau. Cette construction étonnante peut mesurer plus de 4 mètres de large et dépasser les 2 mètres de haut.

A l'intérieur, la cabane comporte une chambre centrale située au-dessus du niveau de l'eau et une ou plusieurs entrées **immergées**. La chambre est tapissée de copeaux de bois et d'herbe sèche; elle comprend une petite cheminée pour l'aération.

Cet abri, construit au bord de l'eau ou dans l'eau, est très solide ; on ne peut y accéder qu'en plongeant.

Mais les castors ne bâtissent pas toujours des huttes aussi spectaculaires. Ils vivent parfois dans de simples **repaires** semblables à ceux des *loutres* ; un seul tunnel mène alors à une chambre sèche et confortable.

Ce type d'abri est également creusé au bord des lacs et comporte aussi une entrée immergée.

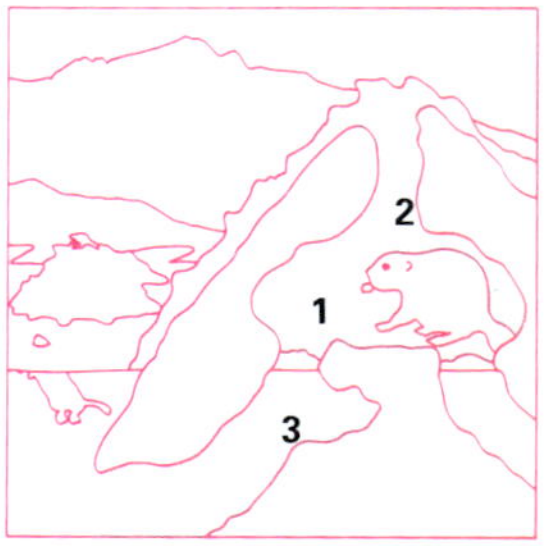

▶ Dans la partie centrale de la hutte du castor se trouve le nid **1** qui possède une cheminée pour l'aération **2**. La cabane comporte en outre une ou plusieurs entrées immergées **3**.

▼▶ Les castors vivent également dans des terriers creusés dans la terre. Ces abris sont en général situés au bord du cours d'eau ou du lac où vit l'animal. L'entrée est immergée, comme dans les cabanes construites avec des troncs.

Un grand constructeur de digues

La cabane du castor n'est pas menacée quand l'eau coule tranquillement et se maintient à un niveau constant.

Mais lorsque le courant est trop fort ou que la quantité d'eau n'est pas suffisante, les castors sont obligés de construire des barrages pour réguler le débit.

Ils couchent alors de grands troncs dans le lit du cours d'eau et y plantent des branches et des bouts de bois qui servent de piliers.

Les castors recouvrent ensuite entièrement cette charpente avec des pierres, des brindilles et de la boue.

Une telle digue fait monter le niveau de l'eau ; elle forme ainsi un barrage contenant l'eau suffisante pour maintenir l'entrée de la hutte sans pour autant inonder la chambre.

Les digues fonctionnent comme des murs de retenue en maintenant le niveau d'eau voulu ; si celui-ci augmente trop, les castors ouvrent des voies d'évacuation.

Le barrage, qui peut mesurer plus de 1 mètre de haut et 100 mètres de long, doit être constamment entretenu. Quand il est endommagé, les castors le réparent avec des branches et de la boue.

Les castors construisent parfois plusieurs digues qu'ils disposent en différents endroits du cours d'eau.

▶ La digue **1** bâtie par les castors forme un barrage dans lequel la cabane est toujours entourée d'eau. Pour la construire, les castors transportent de petites branches **2** mais aussi des pierres, des feuilles et de la boue qu'ils pétrissent **3**.

▼ Sur ce schéma, on peut suivre le travail complexe que le castor mène à bien pour construire sa maison. Si celle-ci est menacée par le courant, l'animal élève une digue.

COMMENT LE CASTOR CONSTRUIT SA DIGUE ET SA HUTTE

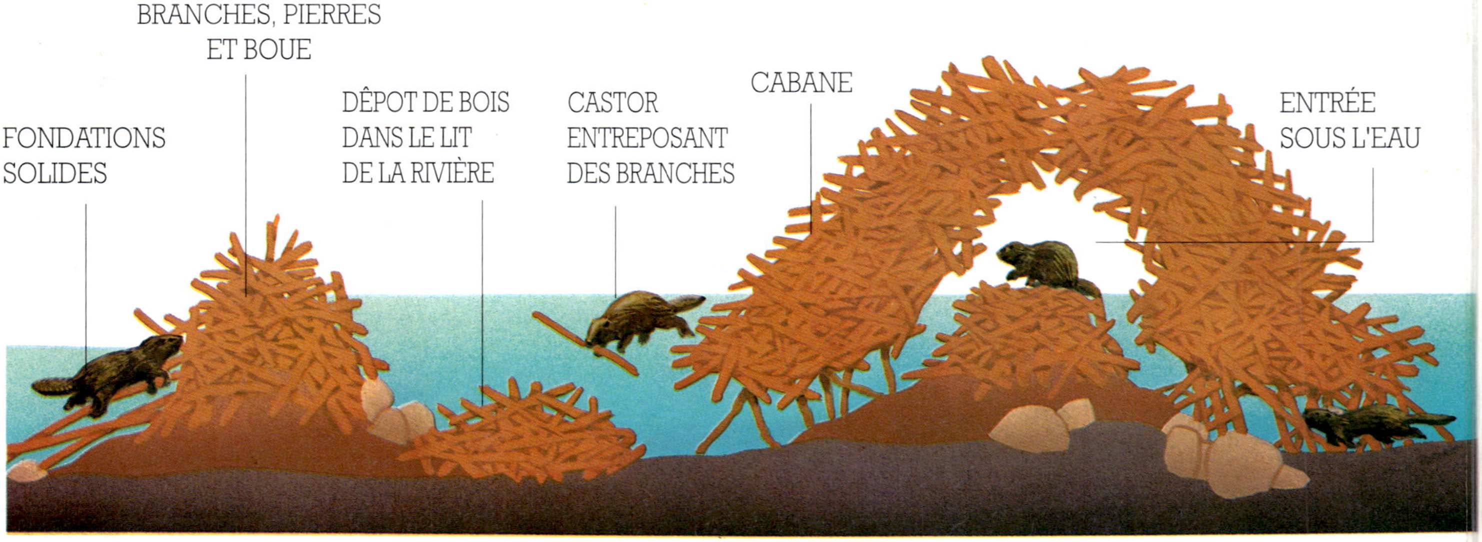

Une famille de castors

Contrairement à la plupart des rongeurs, les castors vivent en famille. Chaque cabane peut ainsi abriter de cinq à douze castors : les parents, les nouveau-nés et les petits de moins de deux ans.

Chaque famille occupe son propre **territoire** qu'elle délimite en laissant des marques odorantes dans la végétation ou sur les pierres.

Un couple de castors peut rester uni toute la vie ; parfois, la même hutte sert d'abri à plusieurs générations.

Tous les membres de la famille participent aux réparations et à l'agrandissement du nid ; mais c'est la mère qui travaille le plus.

A la fin du printemps naissent de trois à cinq petits déjà entièrement formés et les yeux ouverts. Peu de temps après, ils sont capables de flotter dans l'eau, ce qui n'a rien d'étonnant puisque le castor est un animal très bien adapté au milieu aquatique.

Pourtant, les nouveau-nés sont trop frêles pour pouvoir plonger : ils ne peuvent pas atteindre la sortie sous-marine de la hutte. A l'âge de un ou deux ans, les jeunes castors quittent la cabane et partent à la recherche d'un endroit où s'installer et fonder leur propre famille.

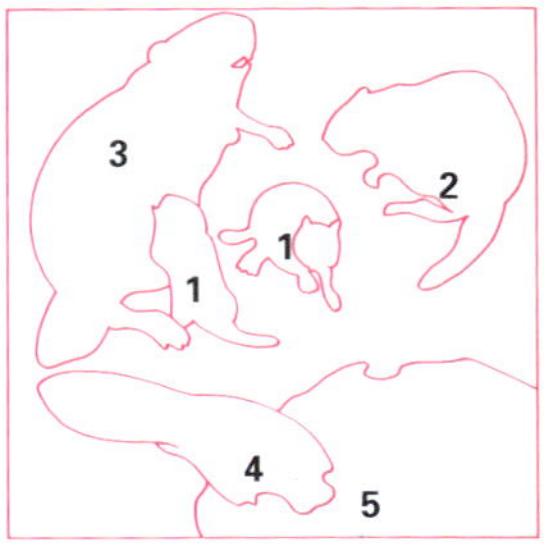

▶ Les castors vivent en petits groupes comprenant les nouveau-nés **1** les petits de un ou deux ans **2** la mère **3** et le père **4** qui, sur l'illustration, plonge dans le tunnel **5** de la cabane.

▶ Les petits des castors apprennent à nager peu après leur naissance. Mais, tant qu'ils sont jeunes, ils se baignent sous la surveillance de leurs parents car ils ne savent pas plonger pour atteindre la sortie de la cabane.

De vrais bûcherons

Pour construire leurs huttes et leurs digues, les castors ont besoin d'une grande quantité de bois.

Ils abattent les troncs fins en les rongeant d'un seul côté ; mais, pour venir à bout des arbres plus gros, ils adoptent une autre tactique.

Avec leurs puissantes incisives, ils rongent le tronc de façon circulaire jusqu'à ce que l'arbre s'écroule et tombe du côté où les branches sont les plus lourdes.

Un jour entier est parfois nécessaire pour abattre un tronc.

Une fois l'arbre à terre, les castors dévorent les feuilles et les branches les plus tendres ; ils stockent le reste ou l'utilisent pour leurs constructions.

Les castors s'attaquent de préférence aux saules, aux peupliers et aux aulnes sur lesquels ils laissent des marques de dents caractéristiques.

Quand ils abattent un grand arbre, les castors découpent le tronc et les branches les plus grosses en morceaux de 1 ou 2 mètres.

Ils transportent ensuite ces gros morceaux de bois ainsi que des branches plus légères près du cours d'eau ou du lac où se trouve leur repaire.

Les castors ramènent ces matériaux à la nage, sans trop d'efforts, en suivant les canaux qui unissent les lagunes les unes aux autres ou de petits sillons qu'ils creusent à cet effet.

CASTOR TRANSPORTANT UN TRONC

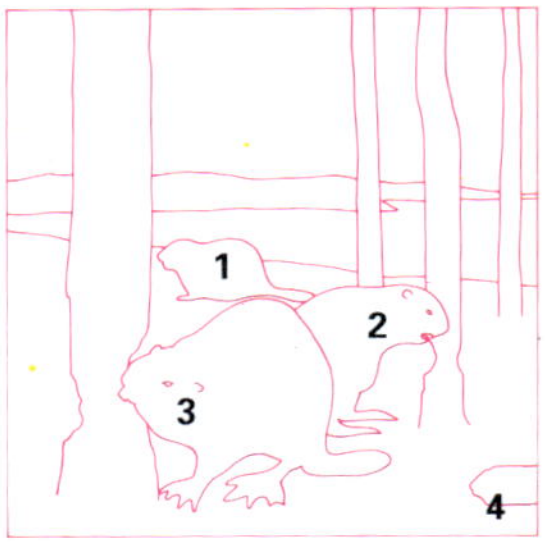

▶ Le castor ronge les branches **1** et les troncs les plus fins **2** en quelques secondes. Il ronge circulairement les gros arbres **3**. Une fois l'arbre abattu, la souche présente une coupe en biseau **4**.

ARBRES PRÉFÉRÉS DU CASTOR

PEUPLIER — AULNE — SAULE BLANC

Un entrepôt de bois

Les castors tirent des arbres leur nourriture et les matériaux nécessaires à leurs constructions élaborées.

Les castors sont **herbivores** : ils se nourrissent exclusivement de végétaux.

Ils mangent ainsi des racines, des plantes aquatiques, des **bourgeons** mais aussi des branches et des feuilles.

Les castors n'hibernent pas : ils doivent donc stocker sous l'eau une grande quantité de bois en prévision de l'hiver.

En automne, ils ramassent de nombreuses branches et les plantent au fond de l'eau, près de la hutte.

Le bois ne pourrit pas car la température de l'eau est très basse (environ 0 °C).

Les castors peuvent transporter dans leur bouche des branches sous l'eau sans que celle-ci entre dans leurs poumons.

Leur régime alimentaire change avec les saisons. Au printemps et en été, les castors consomment une grande variété de végétaux : des plantes aquatiques, des feuilles, des racines ou des algues. En hiver, en revanche, ils se nourrissent surtout de branches et d'écorces mais consomment aussi leurs réserves de graisse.

▼ Le castor est un grand nageur et un plongeur remarquable : il maintient ses pattes avant collées au corps et prend son élan avec ses pattes arrière, qui sont palmées. Sa curieuse queue, qui peut mesurer jusqu'à 14 centimètres de large, lui sert de "gouvernail" pour changer de direction.

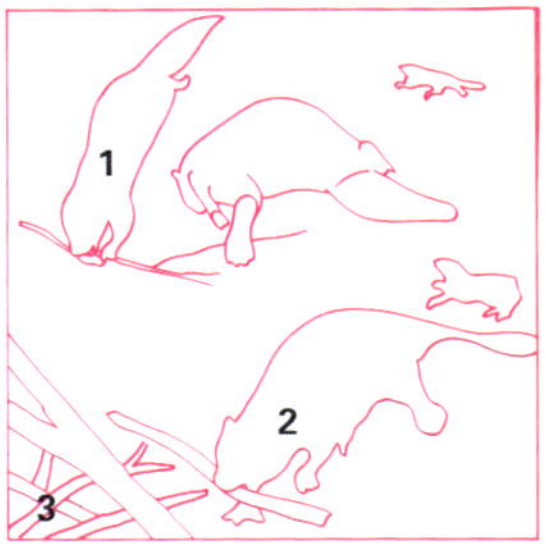

► Les castors transportent sans cesse des branches et de petits troncs **1** qu'ils ont préalablement coupés. Ils les stockent dans le lit des lacs ou des cours d'eau où ils vivent **2**, formant des monticules **3** qui peuvent atteindre 18 mètres de long et 1,5 mètre de haut. Cet entrepôt de bois leur permet de se nourrir l'hiver et de réparer le barrage et la hutte.

Un abri sûr

En hiver, la température de la chambre principale est plus élevée que la température extérieure : la hutte joue ainsi le rôle d'un isolant et permet aux castors de survivre pendant la saison froide.

Avant les premières gelées, les castors consolident leur cabane.

Ils creusent également des tunnels de secours pour pouvoir atteindre la rive quand la surface de l'eau est gelée.

Grâce à son entrée immergée, la cabane constitue également un abri sûr pour se protéger contre les grands **carnivores** comme le *loup* ou l'*ours*. Pour signaler la présence d'un **prédateur**, le castor donne l'alarme en frappant à plusieurs reprises la surface de l'eau avec sa queue.

Le bruit alerte les autres membres de la famille, qui se réfugient aussitôt dans la cabane.

En cas de nécessité, les castors peuvent rester sous l'eau jusqu'à quinze minutes d'affilée.

Pourtant, ces abris apparemment si sûrs ne sont d'aucun secours contre l'homme, le pire ennemi des castors.

L'homme est en grande partie responsable de la diminution du nombre des castors : il détruit en effet leur **habitat** (contamination de l'eau, abattage massif d'arbres) et les chasse pour obtenir leur précieuse fourrure.

En Europe, les castors disparaissent ainsi peu à peu. De nos jours, une loi les protège.

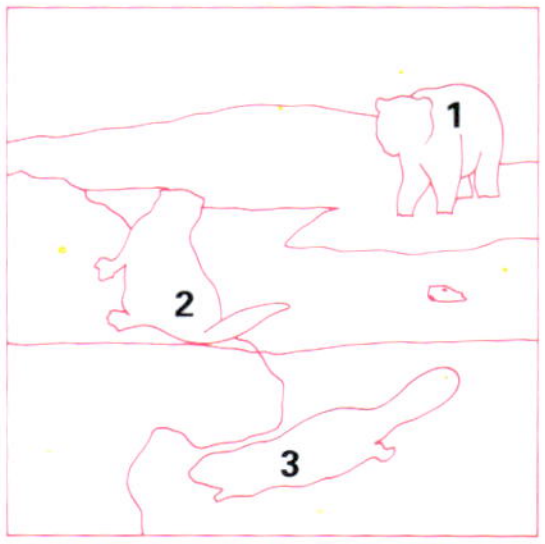

▶ En présence d'un ennemi **1** le castor frappe l'eau avec sa queue **2**. Ce signal d'alarme alerte les autres membres de la famille, qui se réfugient à l'intérieur de la cabane **3**.

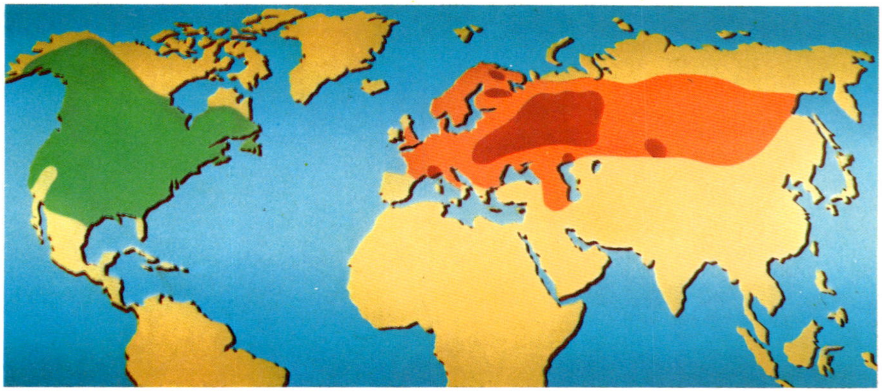

◀ Il y a quelques années, le castor vivait en Europe, en Asie centrale et en Amérique du Nord. De nos jours, il a presque disparu en Europe, bien qu'il en reste encore dans les Pays nordiques, en Russie, en Europe centrale et en France.

▲ Quand la surface de l'eau est gelée, en hiver, les castors disposent de sorties de secours qui leur permettent d'atteindre la rive.

La taupe : toute la vie sous terre

Les taupes sont des animaux bien connus. Elles sont pourtant difficiles à observer car elles passent la majeure partie de leur vie sous terre. Elles ne quittent en effet leurs galeries qu'en de rares occasions.

Parfois l'eau inonde les tunnels où elles vivent ; mais les taupes, bonnes nageuses, ne courent alors aucun danger.

Les taupes préfèrent installer leur abri là où la terre est molle et facile à creuser ; elles évitent les lieux rocailleux ou très secs.

Les endroits sablonneux ne leur conviennent pas non plus : leurs galeries risqueraient de s'y effondrer.

L'on ne peut comparer leurs constructions souterraines qu'à celles des fourmis ou des termites.

Les pattes antérieures des taupes sont très larges et pourvues de solides griffes aux extrémités : elles ressemblent à de grandes pelles, que ces animaux **fouisseurs** utilisent pour creuser de longs tunnels.

Bien voir n'est pas très utile dans ce monde **souterrain**. Les taupes ont ainsi de petits yeux et, bien qu'elles ne soient pas aveugles, leur vue est très mauvaise. En revanche, leur odorat et leur toucher sont très développés : ces sens leur sont indispensables pour s'orienter dans l'obscurité des tunnels ou localiser de loin leurs proies à l'odeur.

Les taupes perçoivent également les vibrations qui se produisent quand la terre est remuée. Elles détectent ainsi rapidement la présence d'autres animaux et prennent la fuite en cas de danger.

▶ La taupe est une extraordinaire bâtisseuse de galeries et de tunnels souterrains. Elle creuse la terre de ses deux pattes avant mais ne se sert pas de son museau, qui est très sensible. Elle peut déplacer jusqu'à 10 kilos de terre en une demi-heure.

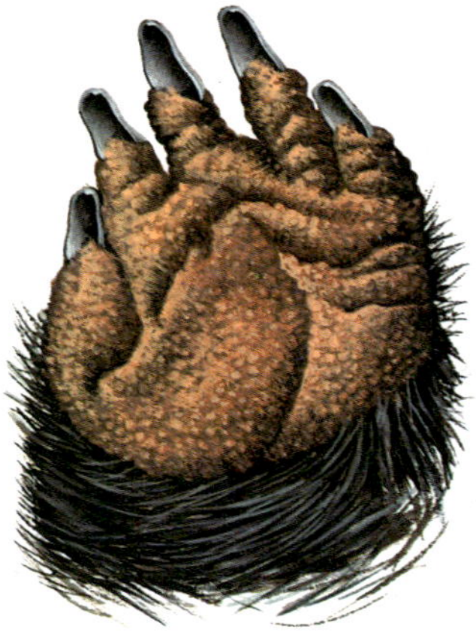

◀ L'une des pattes avant que la taupe utilise pour creuser. On remarque qu'elle est dépourvue de poils.

TAUPE NAGEANT

Un curieux animal

Les taupes sont des animaux très bien adaptés à la vie souterraine. Comme le *hérisson* ou la *musaraigne*, elles appartiennent à l'ordre des **insectivores**.

Leur corps est couvert d'un pelage épais, noir ou gris, semblable à du velours. Les poils des taupes sont mobiles, ce qui permet à ces animaux d'avancer et de reculer avec la même facilité à l'intérieur des tunnels qu'ils creusent.

Il existe différentes espèces de taupes. La plus connue est la *taupe commune*, qui vit dans les prés et les bois d'une grande partie de l'Europe et de l'Asie. En Amérique du Nord, on trouve une taupe très étrange qui possède une couronne de tentacules sensoriels autour du museau; ce sont en fait 22 appendices tactiles, disposés en forme d'étoile, qui peuvent se mouvoir indépendamment les uns des autres.

Cette espèce est appelée *taupe étoilée* et habite dans des endroits humides et marécageux.

Sa queue est plus large que celle de la *taupe commune*; elle sert de réservoir de graisse pour l'hiver.

La *taupe étoilée* vit dans un abri comportant parfois une sortie immergée. Elle se nourrit de nombreux animaux aquatiques, tels que des petits poissons ou des crustacés.

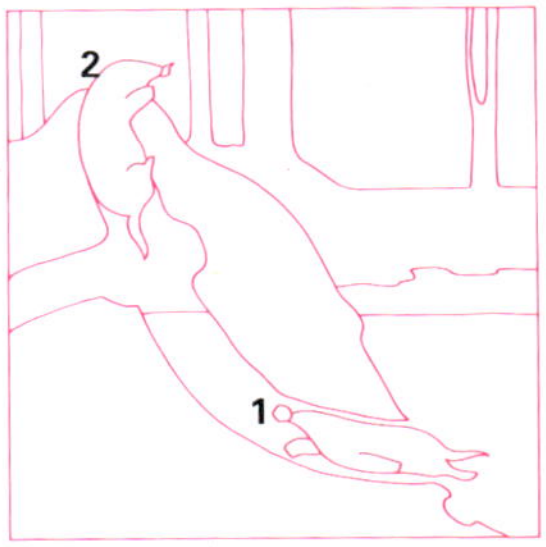

▶ La *taupe étoilée* vit dans des zones humides et marécageuses. Son abri comporte une galerie immergée **1** et, comme chez la *taupe commune*, des sorties vers la terre **2**.

PRÉSENCE DE LA TAUPE ÉTOILÉE ET DE LA TAUPE COMMUNE

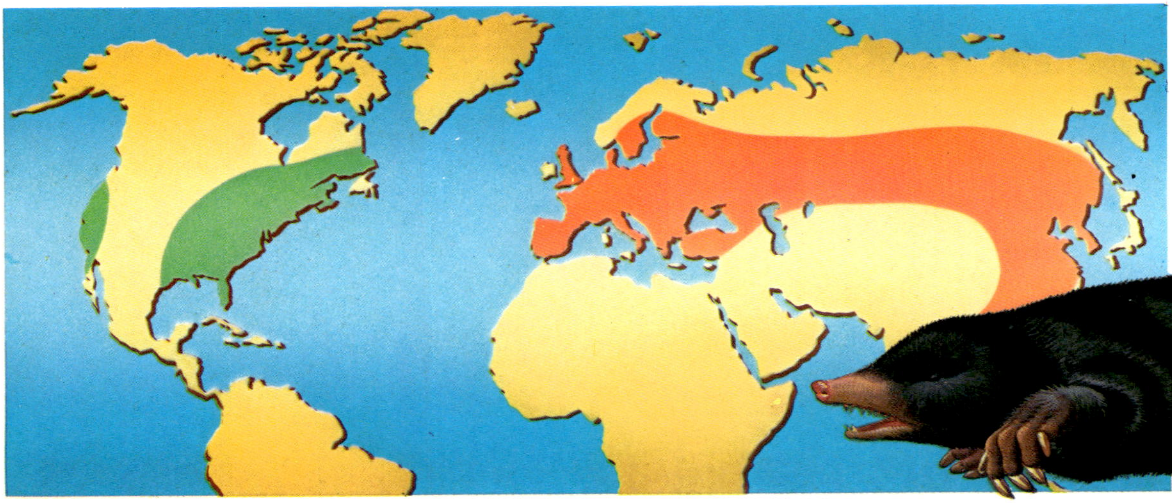

Un ingénieux système de galeries

La taupe vit dans un réseau vaste et complexe de galeries souterraines longues parfois de plusieurs mètres. Elle les parcourt sans cesse, que ce soit pour chasser ou pour construire de nouvelles chambres.

La chambre principale est le nid où la taupe élève ses petits. Des chambres d'approvisionnement sont également prévues pour emmagasiner de la nourriture en prévision de l'hiver.

A l'extérieur, la terre rejetée forme des monticules très caractéristiques : ce sont les **taupinières**, qui révèlent la présence des taupes. Ces taupinières peuvent mesurer de quelques centimètres, pour les plus petites, à plus d'un demi-mètre. Les plus volumineuses correspondent au nid ou à la chambre dans laquelle la taupe se réfugie en hiver.

Les tunnels sont adaptés à la taille des taupes, qui les parcourent en frôlant les parois. Ils peuvent être creusés sur des niveaux différents. Les galeries les plus profondes sont celles qui forment des taupinières ; elles s'enfoncent parfois à plus de 50 centimètres sous terre.

▲ Un champ ou un jardin habité par une taupe présente de nombreux monticules : les sillons correspondent aux galeries et le monticule le plus volumineux –qui peut atteindre un demi-mètre de hauteur– correspond au nid.

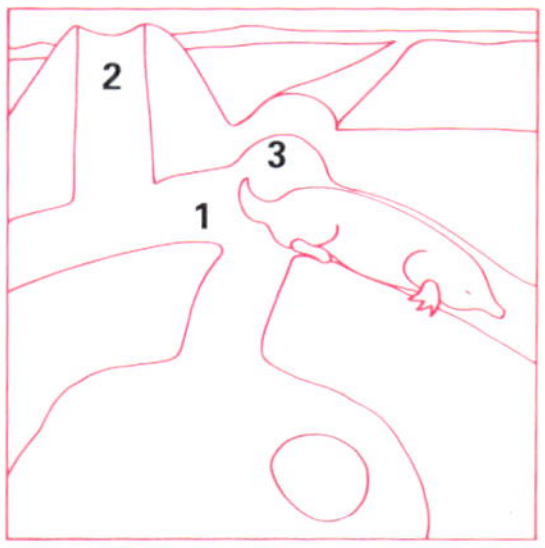

▶ La taupe creuse des réseaux complexes de galeries autour du nid **1** avec diverses sorties sur l'extérieur **2** et de longs tunnels **3** qui conduisent aux territoires de chasse, éloignés du nid et de la chambre centrale.

SYSTÈME DE GALERIES DE LA TAUPE

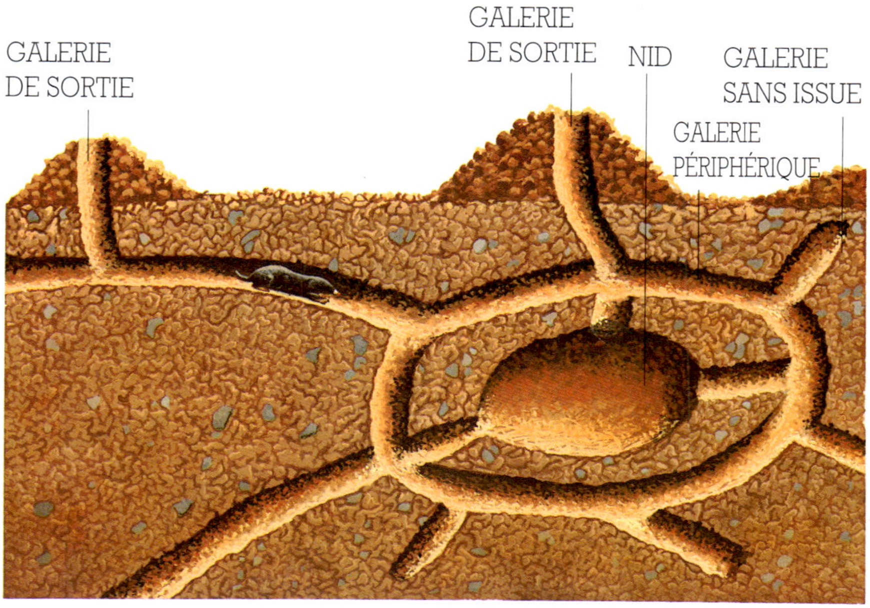

Un nid confortable

▼ La taupe vit seule, sauf à l'époque de la reproduction. Si deux taupes se rencontrent en dehors de cette période, que ce soit dans une galerie ou à l'extérieur, elles s'affrontent en un combat mortel.

▶ Trois à cinq petits naissent au printemps. La femelle s'en occupe à l'intérieur du nid tapissé de mousse et d'herbe sèche.

Chaque taupe occupe un territoire plus ou moins vaste qu'elle interdit à ses propres congénères. Parfois se produisent de terribles affrontements qui s'achèvent par la mort d'un des deux adversaires.

Les taupes sont des animaux solitaires ; mais, au printemps, elles se réunissent et des couples se forment.

Les mâles creusent de longs tunnels qu'ils parcourent près de la surface du sol à la recherche d'une compagne.

Les femelles ont en général une **portée** par an, et les petits naissent dans un nid préparé à l'avance.

Il s'agit d'une vaste chambre sèche et chaude, au sol tapissé de mousse, de feuilles et d'herbe.

Au début de l'été naissent trois à cinq petits à la peau rose, aveugles et sans poils. Au quatorzième jour, leur pelage commence déjà à pousser. La mère est la seule à s'occuper d'eux ; elle les allaite les premières semaines. Cinq semaines environ après leur naissance, les jeunes taupes quittent le nid et s'aventurent dans le monde extérieur : elles partent à la recherche d'un territoire propre où elles s'installeront à leur tour.

RÉSEAUX DE GALERIES

Des animaux voraces

Les taupes se nourrissent principalement de petits animaux qu'elles trouvent sous terre. Pour chasser, elles creusent de longs tunnels à la recherche de vers de terre et de **larves** d'insectes, dont elles sont très friandes.

Les taupes n'hibernent pas. Elles font donc des provisions de nourriture pour l'hiver et emmagasinent des vers de terre et des larves d'insectes dans des chambres souterraines.

Elles immobilisent les vers pour qu'ils ne s'échappent pas : elles les mordent et leur coupent la partie antérieure du corps.

Les taupes creusent souvent leurs tunnels de chasse sous les jardins et les champs cultivés, où la terre est molle et la nourriture abondante.

Elles capturent la plupart de leurs proies sous terre ; mais elles doivent parfois sortir quand la nourriture se fait rare.

Les taupes ont peu d'ennemis dans leur abri souterrain. De temps en temps, il est vrai, le *blaireau* vient les déloger. A l'extérieur, en revanche, de nombreux animaux les guettent : la *martre*, la *belette*, le *renard*, mais aussi des oiseaux comme le *chat-huant* et la *chouette*.

CHOUETTE

◀▼ Hors de son abri souterrain, la taupe a de nombreux ennemis parmi lesquels la *belette* et le *renard* ou des oiseaux comme le *chat-huant* et la *chouette*.

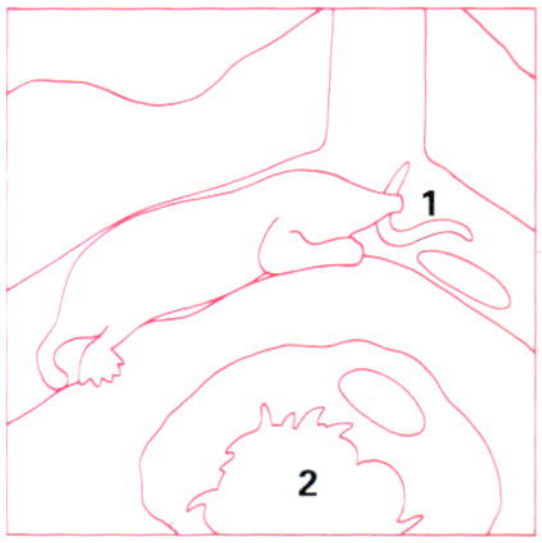

▶ La nourriture préférée de la taupe est le *ver de terre* et la larve d'insecte –comme celle du *scarabée de la Saint-Jean* **1**. Elle les trouve en abondance sous terre et les stocke dans des chambres **2** en prévision de l'hiver.

BLAIREAU

BELETTE

Sur la piste

Il est souvent difficile de suivre la trace des animaux. Les observer dans leur habitat naturel et étudier leur comportement requiert une longue pratique.

Il est rare de trouver des empreintes de taupes puisque ces animaux mènent une vie souterraine. Mais, à l'extérieur, des taupinières de toute forme permettent de les localiser facilement.

Les constructions des taupes sont souvent nuisibles pour l'homme : leurs galeries s'étendent parfois sous des champs cultivés, des parcs ou des jardins.

En creusant la terre, les taupes peuvent couper les racines des plantes et causer de graves dommages aux cultures. C'est pourquoi les **horticulteurs** et les jardiniers les pourchassent avec acharnement.

Les travaux d'autres petits mammifères, comme le castor, transforment également l'environnement.

Les digues construites par cet ingénieux architecte modifient le débit des eaux ; en bloquant le courant, les castors créent des lacs tranquilles qui favorisent le développement de certaines espèces d'animaux et de plantes. Ainsi, à la différence de l'homme, le castor ne détériore pas son habitat naturel, même s'il modifie le paysage.

▶ Les travaux du castor modifient le paysage mais ont des effets bénéfiques : leurs barrages favorisent le développement de la végétation et attirent de nombreux insectes. La taupe, en revanche, endommage parfois les racines des plantes et provoque des dégâts dans les champs et les jardins. Son travail de terrassement est pourtant utile puisqu'il contribue à aérer le sol.

▲▶ Les empreintes des pattes avant et arrière du castor sont différentes puisque les pattes arrière sont palmées.

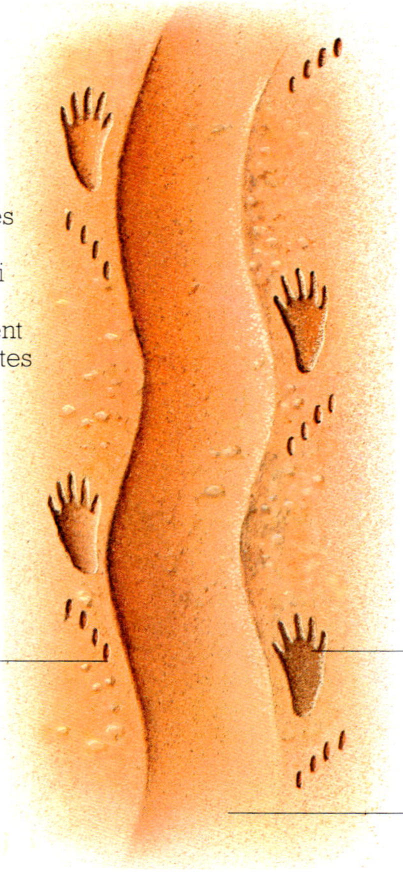

▶ Les traces laissées par la taupe quand elle sort de son abri permettent de distinguer clairement l'empreinte des pattes de devant et de derrière et celle du corps.

LES MOTS CLÉS DE LA VIE DES CASTORS ET DES TAUPES

Bourgeon : nouvelle pousse d'un végétal.

Carnivore : animal qui se nourrit exclusivement de viande.

Fouisseur : mammifère ou insecte qui creuse le sol avec une grande facilité.

Habitat : environnement naturel dans lequel vit un animal.

Herbivore : qui se nourrit d'herbes, de feuilles.

Horticulteur : personne dont le métier est de cultiver les plantes.

Immergé : qui est sous l'eau.

Incisives : dents servant à couper.

Insectivore : ordre de mammifères comprenant notamment les hérissons, les taupes et les musaraignes.

Larve : forme embryonnaire des insectes et des invertébrés qui se développe à partir de l'œuf fécondé et qui, la plupart du temps, subit de nombreuses transformations avant d'acquérir la forme adulte.

Portée : ensemble des petits qu'une femelle de mammifère porte et met bas en une fois.

Prédateur : animal qui chasse des proies pour se nourrir.

Repaire : refuge d'un animal sauvage.

Rongeurs : ordre de mammifères pourvus d'une paire d'incisives par mâchoire.

Souterrain : qui est sous la terre.

Taupinière : monticule de terre formé par les rejets de la taupe quand elle creuse ses galeries.

Territoire : zone occupée par un animal qui y vit, y chasse et y construit son refuge.